En el parque

**Texto y fotos por
Donna L. Cuevas Roeder**

La gente lee libros

en el parque.

La gente se sienta

en el parque.

La gente se monta en

bicicleta en el parque.

La gente pesca

en el parque.

La gente juega

en el parque.

La gente camina

en el parque.

La gente come

en el parque.